AF338513

FRANÇOIS MARIE

LE

LABOUREUR EMIGRANT

OU

LA NATION EN PÉRIL

Siste miser !

MARSEILLE

Imprimerie Nouvelle Arnaud, rue Vacon, 21

1869

FRANÇOIS MARIE

LE

LABOUREUR EMIGRANT

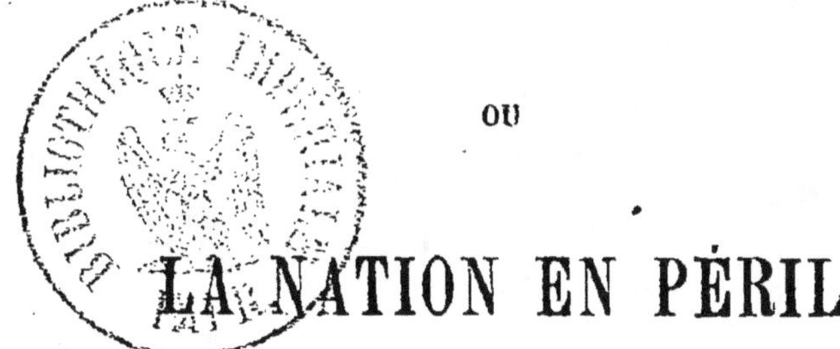

OU

LA NATION EN PÉRIL

Siste miser !

MARSEILLE

Imprimerie Nouvelle Arnaud, rue Vacon, 21

1869

TIMBRE

AVANT-PROPOS

A voir la fureur avec laquelle toutes les puissances de l'Europe travaillent à perfectionner leurs armes de guerre, ne dirait-on pas que ce sera celle qui aura obtenu le plus grand perfectionnement ou inventé les plus meurtrières, qui sera victorieuse sur les champs de bataille?

Ce fait est bien loin d'être certain, car la force et le courage des soldats sont au-dessus de tout. Oui, un fusil à aiguille entre les mains d'un Cacochyme ne vaut pas un sabre de bois entre les mains d'un vigoureux soldat. D'ailleurs, il est probable qu'on se battra toujours à armes à peu près égales, ce sera donc toujours la valeur des soldats qui enchaînera la victoire.

Bien mieux vaudrait ne jamais être en guerre, parce qu'elle est la ruine et la honte de l'humanité, mais puisque l'heure de l'embrassement et de l'union des peuples n'a pas encore sonné, il importe à la nation française de mettre autant d'ardeur à perfectionner ses mœurs qu'à perfectionner ses armes de guerre; il lui importe de conserver le sang pur de ses vaillants soldats de terre et de mer qui sortent tous du village, et qui ont illustré jusqu'à ce jour toute son histoire militaire par un héroïsme sans égal dans le monde; et c'est pourquoi il faut, entre autres moyens, quelle mette aujourd'hui un frein à sa dépopulation agricole, qui renverse l'équilibre social, cause la diminution des mariages, amène la dégénérescence et la décadence de ses forces vitales, et amoindrit considérablement tous les produits de ses terres par le défaut de bras.

Tonin, l'émigrant, dont je vais raconter l'histoire, est un exemple épouvantable, des conséquences de l'émigration agricole. Puisse-t-il être connu partout et prévenir les insensés déclassements des campagnards.

LE LABOUREUR ÉMIGRANT OU LA NATION EN PÉRIL

Tonin, dit l'émigrant, naquit à Castellane, petite ville de la haute Provence; issu d'une ancienne famille agricole, il suivit de bas âge la profession de ses ancêtres, et c'est à l'âge de quinze ans qu'il se jeta corps et âme dans la pénible et glorieuse carrière de l'agriculture, après être resté deux ans à l'école de l'abbé Long, ou il apprit tout ce que ce prêtre savait, tant il était intelligent. En effet, la nature avait départi à Tonin ses plus grandes faveurs. Il joignait une intelligence supérieure à un physique parfait ; à une stature colossale, il joignait une santé, une vigueur et une force sans égales.

Avant de raconter la vie de ce célèbre paysan, qui a tant reculé les limites de la science agricole, et donné au monde un des plus grands spectacles des vicissitudes humaines, je crois être agréable à mes lecteurs, en faisant la narration des merveilles de son pays natal, ainsi que celle des fêtes patronales qui s'y célèbrent, fêtes d'un sérieux et d'une originalité sans pareille en France, et qui ont donné à Tonin, dans sa belle jeunesse, l'occasion d'y déployer les faits les plus éclatants de force et d'adresse.

La ville de Castellane bâtie par les Phocéens, est sise à côté d'un roc sans égal dans le monde. Sa forme et sa hauteur sont une des plus grandes merveilles de la nature. Au pied de ce roc coule la rivière du Verdon et ce contraste produit une admiration indescriptible, cette ville est en outre entourée de deux vastes et belles plaines où tous les produits de la terre y viennent à merveille. Enfin, de quelque côté qu'on arrive dans cette ville, on est ébloui par la magnificence de son site.

La première fête patronale de ce pays se célèbre le 31 Janvier, c'est la fête dite du Pétard. Voici le fait qui y a donné lieu : En 1586, une bande de Huguenots commandée par le général Lesdiguières et le baron d'Allemagne, fit irruption dans la haute Provence et vint mettre le siége devant Castellane. La ville était vivement pressée, et les pétards commençaient à chagriner les habitants, surtout du côté du capitaine Lamotte qui était placé à une des principales portes de la ville. Alors une femme qui faisait sa lessive à l'étage au-dessus de cette porte, résolut de tuer ce capitaine, et elle jeta si à propos son cuvier sur sa tête, quelle l'écrasa. Au bruit de la mort du capitaine Lamotte, toute la troupe épouvantée sortit précipitamment de la ville, et se porta à la débandade sur la plaine de Cheyron. Là, ces soldats sans foi ni loi, tombèrent en discussion sur ce qu'ils devaient faire, mais chacun d'eux voulant commander, ils finirent par s'entregorger et les quelques débris qui restèrent, disparurent comme la fumée. Le lendemain 1er février le siége était levé, et l'héroïne portée en triomphe dans toute la ville. Le peuple décida qu'on solenniserait annuellement et à perpétuité le jour du 31 Janvier par une fête et une procession générale. Trois siècles se seront bientôt écoulés depuis cet évènement, et les Castellanais fiers de cette page de leur histoire qui leur donne une autre Judith, continuent à en rappeler la mémoire par la fête et la procession solennelle fondée en 1586. Voici le cérémonial de cette fête : la veille, à la tombée de la nuit, toutes les fenêtres sans exception sont illuminées, la plupart avec de gros morceaux de résine de pin, et on exécute une retraite aux flambeaux où assistent toutes les autorités et les personnes marquantes du chef-lieu. Elles sont précédées par un héraut tout vêtu de rouge qui porte la grande bannière représentant l'évènement tragique de 1586. Elles sont escortées par un bataillon de hallebardiers, par un corps de musique, par une troupe de tambourins et galoubets, et par la population entière. Tout le cortège parcourt deux fois toute la ville au milieu de la plus ravissante illumination avec une allégresse et un ordre indicibles. On entend alternativement et sans intermittence la musique militaire, les fifres, les tambourins et les chants patriotiques. Cette retraite se prolonge jusqu'à minuit au milieu d'abondantes libations.

Le lendemain, à la pointe du jour, un corps de trompettes éveille la population par des fanfares guerrières, et sur les huit heures, une jeunesse d'élite distribue aux membres du conseil municipal et à tous les habitants, un bouquet de buis vert garni de grains de blés de Turquie qu'on a fait épanouir sur le feu et qu'on attache au buis avec de la cire d'Espagne. Ces grains ainsi dilatés forment des boutons blancs qui imitent ceux de l'oranger, on y joint des amandes sucrées et des muscadins. Ces bouquets improvisés remplacent à merveille les vrais bouquets qu'on ne peut avoir dans le pays et dans cette saison. Vers les neuf heures, le corps municipal accompagné de ses invités tous en jabots ornés de leurs bouquets et précédés par plusieurs musiques, se rend de l'hôtel de ville à la paroisse. Devant le cortège, douze gros gaillards ayant une voix de tonnerre et portant l'étendard qui représente la fin tragique de Lamotte, chantant une chanson en dix couplets relative à cet évènement composée on ne sait quand, par on ne sait qui, mais dont l'air gai, original et patriotique égale la naïveté des paroles. Après le cortège municipal, vient la procession religieuse suivie de toute la population de la ville et des environs, elle circule dans toutes les rues, visitant les églises et les chapelles. Une fois cette immense procession arrivée à la porte de l'annonciade qu'on a conservée, et où se passa le drame que je viens de raconter, elle fait une station, et trois mille voix chantent le couplet de l'acte tragique que voici:

> Une brave Judith
> S'armant de son courage
> Par sa valeur défit
> L'ennemi plein de rage;
> Lamotte est écrasé
> Sous le poids embrasé
> D'une lourde machine.
> Lors, levant tous la voix,
> Ils disent à la fois:
> Le Ciel nous extermine.

Puis le cortège chantant le *te deum* rentre à la paroisse, où on dit une messe d'actions de grâces. Dans la journée on célèbre toutes sortes de jeux sur la place publique on assiste à des chœurs, à un assaut d'armes, aux luttes, aux courses, aux sauts à la cible, etc., etc., et quoique ce jour-là, il y ait souvent dans le pays un mètre de neige, et quoiqu'il fasse un froid de Sibérie, rien ne saurait éteindre le brasier sacré du patriotisme des habitants, qui en masse, enlèvent dans quelques heures des milliers de tombereaux de neige, et se livrent à tous les plaisirs de la fête.

C'est là où l'on a vu Tonin, pendant plusieurs années, remporter toutes les palmes sur les gladiateurs les coureurs et les athlètes les plus renommés de la France accourus à cette fête illustrée.

Le soir, un banquet offert par la municipalité et à ses frais personnels, réunit toutes les notabilités de la ville et des environs. Au sortir du banquet on allume des feux de joie sur toutes les places de la ville, et une farandole de la population entière parcourt plusieurs fois la ville toute illuminée, et chantant toutes sortes d'airs patriotiques. Cette fête se termine par un tohu bohu infernal, et par de retentissants éclats de rires que surexcitent d'amples libations.

La seconde fête non moins renommée, mais d'un genre bien différent que celle du Pétard, se célèbre le premier dimanche du mois de mai. On l'appelle la fête de Notre-Dame-du-Roc. C'est le prieur Laurency d'éternelle mémoire dans le pays, qui avait institué cette fête. Son culte pour la Sainte-Vierge était ineffable. Il est juste aujourd'hui de rappeler ici son souvenir et faire savoir à la postérité que pendant quarante ans, ce modèle des prêtres avait fait de la ville de Castellane un paradis terrestre. Par ses vertus et par ses exemples, il forçait à aimer la religion; ses paroissiens ne connaissaient ni la haine ni la jalousie; par ses aumônes et par ses quêtes, il éteignait la misère et la mendicité, et par ses prédications publiques et particulières où il n'hexortait qu'au travail et à la charité, il bannissait tous les chagrins de la vie. Toujours en prières pour le bonheur de l'humanité, il écartait de ses préoccupations tous ce qui était étranger à la religion. Il disait toujours que son royaume n'était pas de ce monde, et un jour qu'on vint lui annoncer une nouvelle politique extraordinaire, il ne voulut rien entendre. Ah! laissez-moi, dit-il, ah! laissez-moi monter aux cieux. Ce disciple de Jésus-Christ s'éteignit à un âge fort avancé au milieu des pleurs et des lamentations de tous les habitants de la ville et des environs, et chose qui n'est jamais arrivée dans le monde, ses habillements qui formaient tout son héritage, furent demandés et obtenus par la population en masse qui les lacéra sur la place publique en des milliers de morceaux et se les partagea à titre de reliques. On voit, par ce fait, tout ce que peut produire l'empire de la vertu.

Je reviens à la fête de Notre Dame du Roc, et je la raconte comme je l'ai vue se célébrer pendant plusieurs années. La veille et le jour de cette fête, après une bénédiction sollennelle des drapeaux, une immense procession monte à la chapelle sise sur le beau roc dont j'ai fait la description. Elle est composée de toutes les paroisses de la ville et des environs et de tous les pénitents blancs, bleus et noirs ; de cinq cent jeunes filles environ toutes vétues en blanc, d'un bataillon de fantassins précédés par un corps de musique militaire, d'un escadron de hussards précédés par un corps de tambourins et enfin d'une population considérable, les uns à pied, les autres sur des mules, portant une immense quantité de viandes rôties et de tonneaux de vin pour le grand repas de midi. Cette procession qui monte sur le roc par un chemin découvert et qui serpente pendant l'espace de trois kilomètres, offre un des plus beaux coups d'œil du monde. En effet, qu'on se figure un nombre considérable de jeunes filles toutes vêtues de blanc qui grimpent un coteau nu et élevé en chantant des cantiques au milieu des troupes militaires dont les armes brillent et reluisent et que suivent différents corps de musique qui se font entendre alternativement, parfois interrompus par de fortes décharges de mousquetterie, et on reconnaîtra l'effet merveilleux et indescriptible dont je parle.

Outre l'admiration des nombreux étrangers qu'attire cette fête, il faut ajouter que des touristes très-anciens disent n'avoir jamais rien vu de si beau.

Arrivée sur le roc, toute la procession entre dans la chapelle pour entendre la messe, et, à son issue, toute la population s'éparpille sur le plateau pour prendre son repas. Chaque famille, chaque groupe prend place autour de petits rochers, et l'appétit ne tient compte d'aucun apprêt. Par suite d'un vieil usage, ce jour-là on dévore force chevreaux. Soit à cause de la fatigue, soit à cause de l'air vif, chaque personne devient un gargantua, et un millier de ces pauvres bêtes est englouti dans quelques instants, avec accompagnement d'abondantes libations. Le repas est bruyant, mais il n'offre point le caractère de la licence ; la franche gaîté, l'aimable hilarité animent tous les convives ; tous ressentiments sont bannis de cette réunion, et artisans et villageois oublient en ce moment les fatigues et les misères de l'année. Les jeunes filles sont pêle-mêle avec les soldats de la fête, et elles chantent, par intervalles, des chœurs en différents groupes. Sur les deux heures, la population entière descend en chantant des hymnes à la Sainte-Vierge, et, une fois sortie de l'église des Augustins, elle se précipite sur la place publique. On voit alors une troupe de tambourins qui parcourt la ville en jouant l'air :

Où peut-on être mieux qu'au sein de sa famille.

En même temps, le maire, accompagné de ses adjoints, s'y rend en grande tenue et annonce le programme des divertissements qui vont avoir lieu et qui doivent être précédés par un simulacre de guerre. On voit sur la place publique une vaste pelouse pour la danse, et une arène où sont tous les prix de gymnastique qui doivent se distribuer. On y voit encore un endroit où l'on doit célébrer les jeux les plus comiques qu'il soit possible de voir. C'est d'abord la lapidation de coqs suspendus à des branches d'arbre. Là, on voit réunis une foule de pâtres descendus des hautes montagnes. Ces hommes, aux joues écarlates, aux cheveux épars et négligés, portent de larges feutres, de longues guêtres et de très-longs bâtons ; ils portent aussi la traditionnelle flûte en canne apparente dans une poche ; à un signal donné, ils enlèvent leurs vestes de burate, et retroussent les manches de leurs chemises. « Honneur à celui qui tuera le plus de coqs avec le plus petit nombre de pierres. »

Trois pierres pour un sou, le coq pendu à 40 mètres de distance, s'écrient les cupides abats ou patrons de ce divertissement ; allons, trois pierres pour un sou !

En vérité, il est curieux de voir avec quelle adresse et avec quel acharnement ces pâtres lapident les coqs ; mais il faut avouer aussi que ce divertissement est d'autant plus barbare, que le coq figure dans l'Histoire sacrée.

Ensuite, c'est la course dans les sacs ; c'est le saut sur une outre enflée ; c'est la prise avec les dents, d'une orange dans un baquet ; c'est celle d'une pièce d'or clouée au milieu d'une poële noircie ; et enfin, c'est un prix donné à celui qui fera la grimace la plus horrible. Tous ces jeux ont été créés pour exciter les gros rires du peuple.

Toute la grande place de la ville, qui est une des plus belles de la Provence, est entourée de bancs destinés à recevoir les vieillards, que les glaces de l'âge empêchent de se mêler aux jeux de leurs enfants. Quelques-uns d'entr'eux portent encore la perruque à marteaux et les pantalons courts.

D'abord, les trompettes, les tambourins et gaboulets annoncent le simulacre du combat. Les fantassins et les hussards se séparent en deux camps; ils sont commandés par des officiers en retraite, et ils simulent tellement bien l'action de la guerre qu'on croirait s'y trouver. Après le combat, la danse s'ouvre d'un côté et les jeux olympiques de l'autre. C'est en ce moment, qu'on a toujours vu dans cette fête, pendant toute sa jeunesse, Tonin descendre sur la place publique, donnant le bras à ses vieux père et mère, et la foule se précipiter au-devant de lui, à cause de sa renommée comme perfection physique, agriculteur célèbre et athlète sans pareil. Toujours cet idole du sexe recevait les honneurs d'ouvrir la danse, et une fois cet honneur accompli, il descendait dans l'arène. Là, à cause de la saison d'été, Tonin rencontrait des adversaires bien plus redoutables et plus nombreux, qu'à l'occasion de la fête hivernale du pétard. Sa réputation était tellement vaste et les prix de gymnastique de si grande valeur, que lutteurs et coureurs faisaient cent lieues pour lui disputer les prix. On a toujours vu dans cette fête, des lutteurs d'un nom terrifiant, tels que : le Vainqueur de tous les hercules, la Terreur des crânes, etc., etc., être vigoureusement terrassés par Tonin, dans toutes les conditions. Un de ses plus hauts faits de lutte, c'est celui où dans une de ces fêtes, il souleva à bras tendus l'hercule, dit l'Invincible, du poids de 120 k., et le fit frapper deux fois contre terre sur les deux épaules.

On a vu aussi un grand nombre de coureurs portant des insignes de renommée, et surtout des grelots attachés aux jambes, être dévancés par Tonin, d'une distance incroyable. A une des fêtes de Notre-Dame, il fit un tour de force qui semble fabuleux : Dix coureurs de haute réputation étaient sur la lice; au signal donné, tous partirent, et Tonin prenant le devant, fit le tour de tous les coureurs en groupe, et remonta vers le prix qu'il atteignit le premier.

Le prix des trois sauts était aussi remporté toujours par Tonin; il franchissait dix-sept mètres en trois sauts. Pendant dix ans, on l'a vu remporter tous les prix de force et d'adresse, non-seulement dans son pays natal, mais encore à cinquante lieues à la ronde.

Dire encore ici que ce phénomène était un des plus intrépides et des plus habiles chasseurs qu'on ait jamais vu. Il allait jusqu'à tuer les lièvres à balle franche.

Enfin je termine la narration de la fête de Notre-Dame-du-Roc, en disant qu'après trois jours consacrés au culte de la Ste-Vierge et à toutes sortes de jeux et de divertissements, les populations se font leurs adieux avec la plus grande cordialité, et avec un épanchement de joie indicible.

Les fêtes patronales que je viens de raconter, presque pareilles dans toutes les petites villes de la France, ne sont pas, qu'on le croie bien, de simples divertissements. Elles ont un point très-utile à la nation, parce qu'elles donnent lieu à de nombreux et féconds mariages, et sont très-puissantes pour faire attacher au sol natal. Seulement, elles ne sont pas assez nombreuses et assez encouragées.

Je continue l'histoire de Tonin, et je dis qu'à tous les hauts faits de force et d'adresse que je viens de raconter, il faut ajouter ceux d'une honorabilité à toute épreuve.

Dans son pays natal, il n'y avait pas de malheur public, où Tonin fut le premier pour le prévenir ou pour le conjurer. Si c'était un incendie, c'est lui qui, faute de pompiers, dirigeait les manœuvres de sauvetage ; et, à sa vue, tout le monde accourait et obéissait. Ensuite, s'il arrivait dans le pays quelque accident qui fît prévoir la mort de quelqu'un, Tonin se précipitait sur les malheureux et les sauvait. C'est ainsi qu'à différentes époques, il avait sauvé plusieurs personnes qui s'étaient noyées dans le Verdon, et que, dans une circonstance, il arracha à une mort imminente deux personnes ensevelies sous une avalanche de neige.

Il est bien vrai de dire qu'une belle âme réside toujours dans un corps bien constitué.

Enfin, ce qui honore et glorifie au plus haut degré la brillante jeunesse de Tonin, c'est la prime d'honneur en agriculture qu'il obtint dans un concours de trois départements et sur le nombre de trente concurrents. Ce qu'il y eut de très-intéressant dans ce concours, ce fut la lecture du rapport que fit le jury agricole. Ce rapport commentait tous les avantages et désavantages des campagnes en concurrence, mais il fut complètement élogieux sur celle de Tonin. Il disait : « Nous avons vérifié la propriété de Tonin, laquelle a une contenance de douze hectares, moitié fond de terre, moitié coteau. D'abord, l'aspect général nous a frappé d'admiration, et examinant toute la propriété d'une manière minutieuse et sévère, notre admiration a été encore plus grande ; la maison de campagne très-bien distribuée, est d'une grande propreté ; les étables et la basse-cour sont très-bien conditionnés et très-propres ; les fosses à fumier bien placées et bien construites, ne laissent rien à désirer, soit sous le rapport de la salubrité, soit sous celui de la commodité pour faire beaucoup de fumier. Les instruments et les outils de Tonin sont progressifs et choisis avec intelligence pour l'exploitation de ses terres ; ils sont bien tenus. Les animaux pour la culture des terres et ceux pour l'engraissement sont dans des conditions infailliblement heureuses. Nous avons parcouru toute la propriété de Tonin, pour reconnaître l'état des cultures, des semences et des plantations. Nous avons vu de très-beaux blés soit semés en plein, soit à raies, sans herbes parasites ; de très-belles prairies sans taupes, sans lacunes et sans mauvaises herbes, des vignes très-robustes, bien taillées, ayant de bons plants variés et aptes au climat. Au sujet de ces vignes, nous avons été très-émerveillés de leur vigueur et de leur production sans égale ; nous avons demandé à Tonin quels étaient les moyens qu'il pratiquait pour avoir de pareilles vignes. — Vous le voyez, nous a-t-il dit, j'ai réformé l'ancienne méthode des ouillières ; je fais mes rangées de vigne sur un seul pied de 0,75 c. de distance l'un de l'autre, et je laisse inculte à 0,50 c. de terre de chaque côté des vignes où à partir du mois de novembre, je pratique une petite rigole tout le long et de chaque côté, et dans laquelle je jette du plâtre pulvérisé. Les pluies d'hiver le dissolvent et font pénétrer son sel fécondant et caustique jusqu'aux racines sur lesquelles il extermine les vers rongeurs. Je n'ai jamais eu un cep de vigne attaqué par l'oïdium ni par la nouvelle maladie. Voyez là-bas cet énorme tas de décombres, il ne me coûte rien et je le pulvérise avec peu de frais. Ici, on ne porte plus au lointain, ni on ne jette plus les démolitions dans les rivières ; je les ramasse toutes. A leur défaut, j'emploierai la chaux. Mais remarquez encore, nous a-t-il dit, que le terrain inculte que je laisse à côté des vignes que je tiens droites, me permet, lorsque je prévois les gelées blanches pendant les nuits du mois d'avril, d'allumer des petits feux à distance, qui par leur fumée, neutralisent ces gelées. Je garantis encore par ce moyen tous les légumes et tous les fruits qui sont sur le fond de terre des ouillières.

Nous avons vu tous les arbres fruitiers en belle végétation, très-bien taillés soit pour leur fertilité, soit pour leur durée. Outre que nous avons reconnu que Tonin l'emportait sur tous les concurrents pour la meilleure méthode de faire le fumier en plus grande abondance et avec plus d'économie, pour une meilleure et plus économique façon de toutes les cultures, pour le défoncement et l'amendement des terres ; pour les plantations et pour leurs différentes tailles toutes faites par lui-même, nous avons remarqué dans la propriété de Tonin, des innovations progressives et éminemment utiles.

Nous avons vu tous ses terrains penchants de nulle valeur, couverts de plantes fourragères vivaces, dans un état prospère. Les graines qu'il a choisies pour semer ces terrains secs et en pente, se composent de grande pimprenelle, de trèfle nain blanc, de fétuque traçante et d'avoine jaunâtre. A la vue de cette innovation, nous avons avoué à l'unanimité que nulle part nous n'avions vu les pentes rapides couvertes de bonnes herbes, et qu'il serait bien à désirer que dans toute la France les propriétaires qui ont des terrains de cette nature, suivissent l'exemple de Tonin.

Nous avons encore remarqué dans sa propriété un gros ravin qui la longe de haut en bas, et qui, au su de tout le monde, ravinait et emportait autrefois les terres, et nous avons reconnu qu'il était impossible aujourd'hui, malgré les orages et les pluies torrentielles les plus fortes, que ce ravin put être offensif soit à cause des barrages que Tonin y a pratiqués dans son cours, soit à cause des nombreuses plantations de saules peupliers et osiers qu'il a faites à ses bords.

Ensuite, nous avons demandé à Tonin de nous montrer ses registres de dépenses, et il nous a été très-facile de reconnaître que l'exploitation de ses terres était faite avec une bien plus grande économie que celle de tous les concurrents, soit pour la main-d'œuvre de toutes sortes, soit pour l'abondance et l'économie des engrais.

Pour l'honneur de Tonin, nous croyons devoir rapporter ici ce qu'il nous a dit à la fin de nos opérations.

« Si les propriétaires de ce pays m'imitent, nous a-t-il dit, dans quelques années, tous les coteaux, qui environnent la ville, qui font aujourd'hui pitié et qui ne rendent presque rien, seront couverts de vignes, et d'amandiers. Ce pays récoltera du vin au-delà de son usage et au lieu de porter tous les ans dans la basse Provence cent mille francs pour l'achat du vin, il ira au contraire chercher cette somme par la vente de ses fruits. Les propriétaires feront des pépinières, ils multiplieront partout les arbres fruitiers, ils apprendront à les tailler et alors l'abondance des fruits jointe aux progrès qu'ils feront pour avoir plus de céréales et d'engraissements de bestiaux, rendront ce pays le plus florisssant de la haute Provence, En souriant il a ajouté : C'est alors encore que se réalisera en quelque sorte ce vœu passé en proverbe dans le pays. La montagne de Destourbes sera de pain, le roc sera de fromage, et l'eau du Verdon sera de vin ; et dans Castellane la vaillante, jamais personne ne mourra de faim. *Qui convertit petram in panem et vinum et rupem in fromacula.*

Après la lecture de ce rapport Tonin fut couronné au milieu d'une immense population accourue pour la grande fête des récompenses agricoles. Cette cérémonie terminée, un banquet splendide fut offert aux concurrents, et là encore Tonin y reçut de toutes parts les plus grands honneurs. Le lendemain, le préfet du département fit appeler Tonin pour lui prodiguer de nouveau les éloges les plus éclatants et lui offrir tous ses services. Il ne voulut pas le quitter sans lui communiquer une pensée du gouvernement toute inspirée pour le bien de l'agriculture, et afin de connaître son opinion à cet égard, il lui dit : Vous savez Tonin, que le gouvernement ne pense qu'au bonheur et à la prospérité des agriculteurs et que mlagré toute sa sollicitude il reçoit des doléances qui sont diverses et nombreuses et c'est pourquoi il veut consulter la nation par une enquête agricole pour bien connaître si les plaintes des agriculteurs sont vraies et fondées, et dans ce cas, il désirerait trouver les remèdes qu'on peut apporter à leurs souffrances. Votre franchise, votre intelligence, Tonin, ainsi que votre expérience peuvent sans doute fournir quelques lumières à ce sujet. Ainsi qu'en pensez-vous? — Monsieur le préfet lui dit Tonin, je vais vous dire ladessus et en quelque mots ma façon de penser. Eh bien! si ce n'étaient les fléaux du ciel qui bien souvent ruinent l'agriculture et à légard desquels les gouvernements n'ont pas encore provoqué la science afin de trouver des moyens (et il y en a) pour les anéantir ou les atténuer, qu'on sache partout que ceux

qui travaillent, *mangent et font manger* (excusez-moi la crudité
de l'expression. Mais il faut, monsieur le préfet, que je vous dise
encore (et ce que peut être aucun rapport sur l'enquête agricole
n'énoncera), quel serait le plus grand bien pour l'agriculture de
la France, et duquel le gouvernement retirerait une grande
utilité : Ce serait la création d'un emploi d'inspecteur d'agriculture dans chaque arrondissement; tout d'abord, cette idée peut
faire hausser les épaules à quelques personnes, mais qu'elles me
permettent de la développer, et alors il est probable qu'elles
l'apprécieront. Avant tout, qu'il ne soit pas question des dépenses
qu'occassionneraient les appointements de ces employés parce
qu'ils pourraient être pris sur l'inutilité ou sur le superflu
d'autres emplois, et d'ailleurs celui-ci est si important qu'il
faut qu'il existe quand même. Certes il est bien reconnu que
la science agricole est en retard dans beaucoup de départements
de la France, Or, n'est-il pas urgent de trouver des moyens
pour la rendre parfaite partout? Le moyen que je vous indique
me semble devoir atteindre ce but, car supposez dans un arrondissement un homme très compétent en agriculture locale, actif
et communicatif, lequel à titre de remunérateur des progrès agricoles, d'auxiliaire des maires, de conseiller des particuliers,
eut mission d'inspecter toutes les propriétés de cet arrondissement et de faire des rapports sur ses observations agricoles.
D'abord cet homme fournirait toutes les statistiques que le
gouvernement désirerait, elles seraient à coup sûr très *exactes*
il provoquerait et il obtiendrait l'initiative individuelle (question
insoluble jusqu'à ce jour) au sujet d'un grand nombre de faits
progressifs tels que l'achat des machines et instruments nouveaux,
la façon des barrages. celles des gazonnements, des terrains
en pente, celle des boisements et celle des pépinières, etc., etc.,
ensuite comme ses conseils pour de meilleurs assolements des
terres, ceux pour faire et avoir beaucoup de fumier avec peu de
frais, feraient obtenir des produits beaucoup plus considérables
dans son arrondissement, il arrêterait beaucoup d'émigrations;
en un mot, je crois que cette institution serait très utile à la
nation.

Monsieur le préfet remercia Tonin de ses conseils et il promit
de les communiquer au gouvernement, Après des témoinages
bienveillants et des offres de service réciproques, Tonin fit ses
adieux à monsieur le préfet et il retourna dans ses champs, dans

son état de gloire et de béatitude. Mais qu'arriva-t-il? Oh fragi-
lité et néant de la vie humaine ! au bout de quelques mois
le soufle du démon venait renverser et détruire la plus belle des
existences. Tonin eut un jour la mauvaise inspiration d'inviter
son cousin Ambroise qui demeurait dans une grande
ville, à venir passer quelque jours avec lui. Celui-ci ac-
cepta l'invitation de Tonin, et alla séjourner une semaine
près de lui. Pendant ce séjour, toutes les conversatieus roulaient
sur les avantages et sur les plaisirs des grandes villes, Ambroise
ne cessait d'engager Tonin à le suivre et à abandonner la vie
de laboureur, il lui fit une telle peinture des grandes villes que
Tonin sourit à sa narration. Ambroise lui donna la certitude de
lui faire contracter un très riche mariage, de lui faire acquérir
sous peu une grande fortune en même temps qu'il jouirait des
plus grands plaisirs du monde : Tonin fut ravi des paroles de
son cousin, il lui promit de le suivre, mais il lui dit qu'il de-
vait auparavant en instruire son père afin de lui donner le temps
d'arranger ses affaires. En effet, quelques jours après, Tonin
assembla son père et sa mère pour leur faire part de sa résolution,
il leur dit qu'après avoir pris connaissance de tous les avantages
et de tous les plaisirs qu'offrent les grandes villes et en considération de l'état de peines et de dure médiocrité dans lequel il
vivait, il avait pris la résolution de les quitter et d'essayer un
autre genre d'existence, Il leur énuméra toutes les souffrances
de l'agriculture et il finit en disant: Voilà quatre ans consécutifs
que la grêle emporte nos récoltes, elle a mis fin à toutes nos
petites économies, elle nous a réduit au Verdon et au pain noir,
et qu'allons-nous devenir si, encore une fois, elle nous emporte
tout. Oui il n'y aurait que les assurances contre la grêle, faites
par le gouvernement qui pussent me rassurer et me retenir; vous
le savez, mes chers père et mère, en bien travaillant, à peine si
nous ajustons les deux bouts à la fin de l'an. — Ah! s'écria le
père d'une voix douloureuse : Cependant nous les ajustons,
nous nous portons bien et nous ne devons rien à personne, et
lorsque les fléaux du ciel ne nous désolent pas, nous vivons
dans l'aisance. Le désir que tu témoignes au sujet des assurances
contre la grêle s'accomplira un jour, prends donc patience, tu le
sais mon fils, les barrages que tu as faits dans les ravins de notre
propriété nous préservent des inondations ; la fumée des feux
que tu allumes pendant les nuits du mois d'avril et mai, lorsque

tu prévois la gelée blanche, nous garantit les fruits et les légumes eh bien ! tout finira par être parfait. Je te le repéte, prends patience, tu ne connaîs pas tous les tourments qui déchirent sans cesse la vie de l'homme sur cette terre dans quelque rang et dans quelque lieu qu'il se trouve. Oui mon fils je comprends qu'un homme qui ne possède tout à fait rien, et qui ne trouve pas du travail pendant l'hiver pour pouvoir vivre, puisse avoir l'idée de déserter son village pour aller chercher du travail dans les villes. Alors si cet homme part à la grâce de Dieu, s'il trouve du travail et qu'il conserve ses sentiments de religion et de bonnes mœurs, il peut vivre heureux, mais plus heureux encore, s'il a le bon esprit de retourner au printemps. Cette émigration est pardonnable, elle est même rationnelle.

Mais toi, mon fils, qui possèdes une campagne dont les revenus plus ou moins considérables nous préservent toujours des attaques de l'indigence et qui nous procurent une douce médiocrité bien préférable à l'opulence. Toi qui jusqu'à ee jour as donné de si bons exemples à la société, tu veux finir par lui donner le plus mauvais de tous. Toi, mon fils, qui fais la gloire de ton pays et qui en es l'idole, tu veux te jeter dans un tourbillon où tu demeureras inaperçu, et courir le risque de devenir un criminel ou un mendiant. Toi qui a toujours eu du bon sens, rappelle-toi les paroles de ton grand père lequel, comparant le séjour des grandes villes avec celui du village, disait : ici, l'air, la nouriture, le travail et les mœurs rendent les hommes jeunes à 80 ans, tandis que dans les villes la plupart sont des momies au printemps de leurs jours; ici, les unions conjugales ne cherchent que la santé et la vertu, et elles donnent à la patrie des soldats qui, par leur force et leur courage, sont tous des héros; dans les villes, les jeunes gens se précipitent de bonne heure dans les lupanars et dans les repaires d'infection, et s'ils finissent par faire une alliance, ils ne la font qu'à titre d'argent, ils sont blasés et consumés par les plaisirs et Dieu sait quelles générations ils donnent à la patrie, s'ils en donnent. Ils disait encore : dans les villes la prostitution et les jeux de hasard font plus de mal au genre humain que la guerre et les épidémies. De nos jours, rappelle-toi aussi les malheureuses victimes d'une émigration irréfléchie; souviens-toi de la fin honteuse de ce pauvre Tisté, ce bon ouvrier qui, après un séjour de quelques mois dans la ville, fut porté à l'hôpital en haillons, et mourut au bout de quelques jours dans un état tel , qu'on eut toutes les peines pour le mettre dans la bière. Rappele-toi aussi de l'aventurier Capelon qui se déclassa par mauvais conseils et alla mourir derrière une barricade. Tu as encore sans doute la mémoire fraîche des deux frères Gippas, les plus riches commerçants du pays, qu'une ambition insensée poussa vers la capitale et qui, au bout de deux ans, furent jetés à Ste-Pélagie et au sortir de là, allèrent mourir aux Incurables. Si ces terribles exemples ne pénètrent pas dans ton cœur, prends au moins en considération la plus triste et la plus mauvaise position que tu vas me faire ainsi qu'à ta mère; vieux et débille , nous sommes tous les deux indifférents aux quelques jours qu'il nous reste à vivre, mais nous ne le sommes pas à ton existence et à ta réputation; dans ta position, tu peux aujourd'hui faire ici un très beau mariage, et donner à la société une génération semblable à celle de tes ancêtres. N'oublie pas l'histoire de tous tes oncles qui, au nombre de 18, dans l'espace de 60 ans, sont partis soldats volontaires, tous entraînés par le sentiment de l'horreur de l'invasion étrangère, et 16 sont morts sur les champs de bataille après être parvenus à des grades supérieurs, le dernier d'eux fut ton oncle Jean-Baptiste qui, fait colonel sur le champ de bataille à Fleurus , tomba mort le lendemain aux derniers coups de feu de Vaterloo. Tu as connu aussi mes deux frères, François et Denis, capitaines dans les grenadiers du premier empire qui seuls ont survécu aux plus terribles batailles, et qui à leur retraite ont exercé des emplois très-éminents dans l'administration, et sont morts au milieu de l'estime générale. Et moi, ton père qui pour t'élever et te donner du pain, ai remué la terre pendant 30 ans, toujours avec résignation à Dieu et aux gouvernements, moi qui dois au travail et à la conscience, ma tranquillité d'âme et ma belle santé à un âge très-avancé, ne dois-je pas te demander aujourd'hui si tu auras le courage de couper subitement le fil de mes derniers jours, et si tu seras assez insensé pour courir le risque de ternir l'honneur de tes ancêtres et faire finir avec toi notre ancienne et honorable génération ; oh ! arrête toi misérable ! (ici le père se prosterne à genoux devant son fils) oh ! mon fils, lui dit-il, que vas-tu devenir ! ta résolution est un arrêt de mort pour moi et pour ta pauvre mère, en nous quittant, tu nous poignardes.

A ces mots la mère qui fondait en larmes, poussa des cris déchirants. Mais si la providence veut dans le monde faire de toi une victime du vertige de l'émigration, et en donner un exemple épouvantable, oh ! alors embrasse-nous pour la dernière fois et que Dieu te pardonne.

Ils s'embrassèrent en sanglotant, la mère s'évanouit et le fils s'éloigna en frapant des pieds et des mains comme un désespéré. Il avait senti l'importance des paroles de son père, mais le démon avait tellement pénétré dans son cœur, que rien n'ébranla sa résolution, et au bout de quelques heures Tonin prépara sa malle et partit rapidement. Ce départ consterna la population entière, et depuis cette époque, par fatalité, le pays de Tonin a été de plus en plus morne et accablé.

Arrivé dans la grande ville, Tonin fut présenté par son cousin Ambroise au maître d'une grande manufacture qui le reçut avec bienveillance et lui promit de bons appointements. Tonin travailla quelques temps dans cet établissement à la grande satisfaction de tous, et au bout de huit mois il devint contre-maître, il exerça pendant nn an cet emploi avec un zèle et une conduite admirables. Dans cet intervalle il avait jeté les yeux sur la demoiselle du maître de la manufacture, fille unique, très-belle et très-riche ; il fit alors quelques démarches qui firent comprendre ses intentions au père et à sa demoiselle qui leur témoignèrent un bon accueil. Il se passa donc quelques temps qui donnaient à tous l'espérance d'une union, mais Tonin avait déjà fait de nombreuses connaissances d'ouvriers qui l'avaient initié dans leur vie libertine, et quoique assidu aux heures de son travail, il ne tenait pas moins une vie indigne. Les parents de la demoiselle ignoraient sa conduite, mais il arriva que Tonin compromit tellement sa santé; qu'il fut obligé de quitter son travail et se mettre au lit, le père de la demoiselle chercha à connaitre la cause de la maladie de Tonin, et une fois qu'il l'eut reconnue, toutes promesses de mariage furent rompues et Tonin fut congédié. C'est dans cet intervalle, oh ! malheur sur malheur, qu'il apprit la mort de son père et celle de sa mère tous les deux morts dans la même semaine; à cette nouvelle, Tonin s'empressa de faire vendre la campagne qu'il avait cultivée autrefois avec tant de renommée. Superbe et infiniment productive sous sa gestion, cette campagne, une fois tombée dans les mains de fermiers négligents et rapaces, était devenue dégoûtante et infertile; ses revenus donnaient à peine un peu de pain à ses vieux père et mère dans leurs derniers jours, et justement elle fut vendue à un très-vil prix. Quand on est à dégringoler tout dégringole. Tonin resta deux mois dans le lit et deux mois encore sans travail, mais au bout de ce temps, son cousin Ambroise le fit placer de nouveau dans une usine ou il travailla près de huit mois tant bien que mal, car il avait déjà perdu une grande partie de sa vigueur; il passait souvent les nuits dans la débauche, il avait été entraîné par de mauvaises compagnies, non seulement dans les repaires de prostitution, mais encore dans ceux des jeux de hasard. Aussi, dans peu de temps il dissipa toute la valeur de la campagne qu'il avait vendue; et puis après, à bout de toutes ressources, il recourut à son cousin Ambroise pour lui emprunter de l'argent, celui-ci lui refusa ses services, et bien plus il le mit à la porte.

Voilà donc Tonin sans travail, sans ressources pécuniaires, rongé par le libertinage et par les remords, rejeté et conspué par son cousin, que va-t-il devenir ? il songe alors à retourner au village et il recourt à l'aumône pour les frais de son voyage Enfin soit par l'assistance publique soit par la vente de ses habillements, il parvient a avoir de quoi payer les frais de son voyage en charrette.

Il partit donc ce colosse d'autrefois désossé et couvert de chiffons, sa large poitrine courbée sous ses grandes épaules, les yeux enfoncés dans leur orbite, et les joues creuses et jaunâtres en faisaient un fantôme, et il arriva dans son pays natal près d'une pauvre et vielle tante qui lui restait, et qui eut toutes les peines à le reconnaître. En le voyant, elle lui dit : mais c'est toi, Tonin, mais c'est bien toi, oh ! revenant ! que viens-tu faire ici ! tu devais mourir sur le lit de la prostitution et de la gangrène que tu as cherché ; et ne pas retourner dans le pays où les gens qui autrefois te couvraient de couronnes, vont te couvrir de boue; en vain tu demanderas l'aumône à ceux qui ont tant battu des mains à tes exploits et à ceux que tu peux avoir secouru dans les dangers. Ils seront impitoyables à ta position. Tu es devenu l'opprobre de ta famille et de la société qui ne te pardonnera pas et qui sera inexorable à ton malheur. Oui, tu as quitté ton père et ta mère, et ton départ à devancé leur mort, leurs cendres murmurent et le peuple t'accuse de parricide, et tu as osé revenir? Oh ! misérables ! Oh ! terribles vicissitudes! vois cependant mon enfant, je tiens un morceau de la charité publique, je le partagerai avec toi jusqu'à ma dernière heure, mais je t'en supplie, reviens à tes sentiments de religion; adresse-toi à notre Dieu afin qu'il te pardonne.

Tonin fondait en larmes en écoutant sa vieille tante, il lui dit: Ma tante, je ne vous demande rien, je suis indigne de votre pitié, mais avant que je meure, faites-moi la grâce de dire à un prêtre de l'endroit de venir me voir afin que je me prépare pour ma dernière communion. La tante s'empressa de satisfaire les désirs de Tonin, et le curé de la ville alla le voir, il vit dans Tonin un homme résigné à la volonté de Dieu et prêt à se réconcilier avec lui.

Il le consola autant qu'il le pût, et lui fit quelques aumônes il lui promit de le voir de temps en temps. Tonin resta plusieurs jours sans sortir de la hutte de sa tante, mais languissant et souffrant, il prit un jour ses béquilles et décida de parcourir la ville. En vain il tendait la main à l'aumône, personne ne le regardait, il était l'objet du mépris général, mais bien plus, oh! comble du malheur et de la fatalité! il ne sortait pas une fois que les chiens qu'il rencontrait n'aboyassent après lui comme après une bête fauve, et qu'il ne fut le jouet des enfants qui s'acharnaient a lui faire sauter son chapeau hideux et à lui dérober ses béquilles quand il était assis. Aussi il lui arrivait souvent d'être obligé de se traîner sur son ventre pour arriver à la hutte de sa tante.

Un jour de fête, Tonin alla jusques sur la place publique, il fut entouré par plusieurs personnes qui l'avaient connu dans sa jeunesse, elles lui rappelaient ses brillants exploits, et puis elles le tournaient en ridicule. Ah! leur dit–il, la vie de ce monde est bien courte et bien fragile, vous ne savez pas de quelle manière vous finirez vos jours, au lieu de me plaindre et de me pardonner, vous me méprisez et vous insultez mon malheur issu de l'imprudence et de l'inexpérience, le souvenir des services que j'ai rendu autrefois à vos parents ou amis devraient vous rendre plus charitables à mon égard. Mais je suis insensible à votre ingratitude et à votre mépris, et si je suis aujourd'hui le dernier des hommes, soyez certains que mes remords et ma componction sincères me feront obtenir le pardon de Dieu, seule chose que j'ambitionne. Oui, par désobéissance à mon père, j'ai mérité la réprobation du ciel et de la terre, je me suis révolté contre la nature, et je mérite tous les maux que j'endure. (et puis Tonin tout en larmes levant les yeux et les bras vers le ciel, ajouta :) Oh! Dieu des miséricordes qui me voyez si souffrant et excommunié sur cette terre que j'ai méconnue et souillée, faites-moi vite la grâce du pardon et de la mort , et faites aussi que je sois la dernière victime des déclassements insensés. La foule qui l'entourait, se retira profondément émue.

Au bout de quelques jours, le bruit se répandit dans la ville, que Tonin était mort de faim et dans les douleurs les plus atroces. Il fut dit aussi qu'il avait fait sa dernière communion avec une rare contrition ; ses dernières paroles furent celles-ci : *Excepté la foi en Dieu, tout dans ce monde est moins que rien.*

Le peuple qui avait toujours regardé Tonin depuis son départ comme un criminel, à cause de l'abandon qu'il avait fait de ses père et mère et de ses nombreux amis ; ce peuple qui comme *toujours* et *partout*, est enthousiaste et flatteur envers le succès et la fortune, et très souvent ingrat et insensensible envers le malheur, resta inexorable même jusqu'à sa sépulture, quoique Tonin fut mort en parfait chrétien.

Il fut porté dans la fosse par deux mendiants et sur deux planches ; on voyait devant cette bière un prêtre qui récitait le *miserere* à voix basse, et pour tout convoi bien sombre, sa vieille tante toute déguenillée.

Ainsi finit cette exsistence si brillante et si glorieuse dans ses premiers temps, et devenue si misérable et si douloureuse dans sa fin, par suite de mauvais conseils et par une ambition déraisonnable. Fasse le Ciel, pour le bien de notre nation, que ce terrible exemple détourne de la voie du précipice, tant de milliers de jeunes campagnards qui font la force et la richesse de la patrie.

Français ! améliorons donc nos mœurs, en même temps que nous perfectionnons nos armes de guerre, et n'oublions jamais l'axiome que je proclame aujourd'hui à hauts cris :

Les mœurs des nations font le sort des Empires, et l'avenir d'un peuple repose entièrement sur les générations qui s'élèvent.

Fin.

MARSEILLE. — IMPRIMERIE NOUVELLE ARNAUD, RUE VACON, 21.

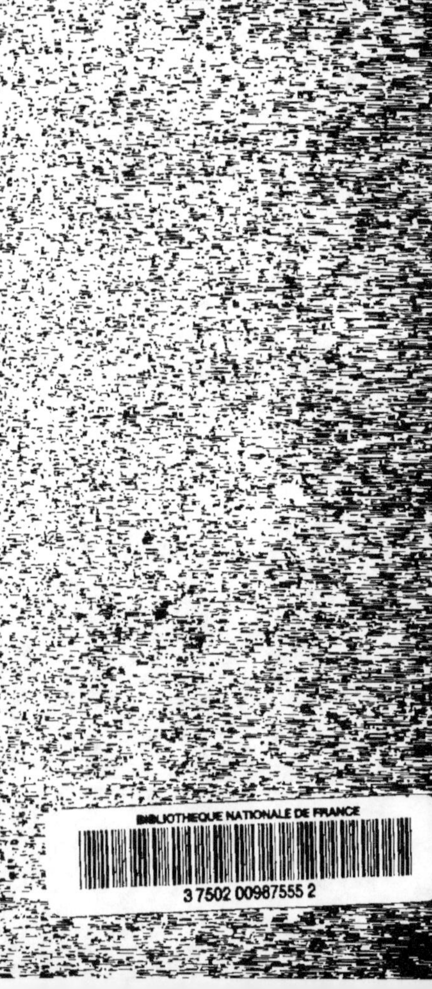